Zauberlehrling

Richtig schreiben

1

Druckschrift

Herausgegeben von
Ute Steinleitner

Erarbeitet von
Kathrin Eggensperger und Ute Steinleitner

Illustriert von Silke Reimers

★ Inhalt

1 Sprich die Wörter zu den Bildern im Regal deutlich.

2 Sprich die Wörter zu den Bildern.
Verbinde die Wörter mit den gleichen Anlauten.

3 Sprich die Wörter deutlich. Was passt nicht zum ersten Bild?

1 Male ein Bild mit dem gleichen Anlaut dazu.

2 Verbinde mit dem richtigen Anlaut.

3 Verbinde mit dem richtigen Anlaut.

6

– Kannst du es?: Seite 11
– Lehrerkommentar S. 15

1 Leuchte A, E, I, O, U gelb an.

LEON   JULE   ROBIN   ELINA

2 Verbinde. Leuchte A, E, I, O, U gelb an.

MAMA   PAPA   OMI   SIGRUN   BEN

3 Schreibe Namensschilder und leuchte A, E, I, O, U gelb an.

– Kannst du es?: Seite 11
– Lehrerkommentar S. 16 / KV 2, 3, 4

(1) Leuchte A, E, I, O, U gelb an.

ELEFANT   KROKODIL   DROMEDAR

 (2) Setze A, E, I, O oder U ein.

| W | | L | F |

| H | | S | |

| K | | K | | D | |

| B | | B | | R | |

| R | | B | |

| D | | L | F | N | |

| L | | M | |

| | S | | L |

| P | | N | G | | N |

– Kannst du es?: Seite 11
– Lehrerkommentar S. 17 / KV 2, 3, 4

1 Welche Wörter beginnen mit dem gleichen Laut? Verbinde sie.

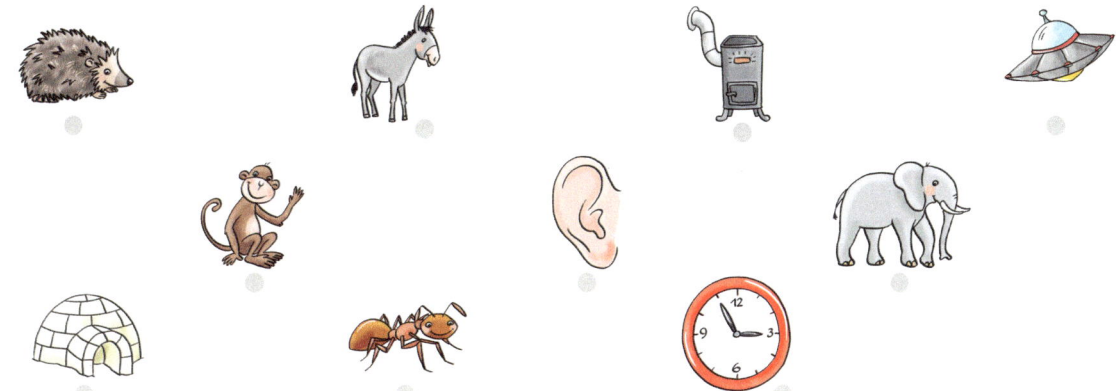

 2 A, E, I, O oder U? Setze ein.

K		W		
B		R	N	
	P	F		L
M		L		N
B		N		N
	P	R		K

| | | | | | | | | S | |

3 Wo hörst du ein A, E, I, O oder U im Wort?
Verbinde die Bilder, bei denen du denselben Laut hörst.

– Kannst du es?: Seite 11
– Lehrerkommentar S. 18 / KV 2, 3, 4

1 Wo hörst du A, E, I, O oder U?
Verbinde die Bilder mit dem richtigen Leuchtbuchstaben.

2 Sprich die Wörter zu den Bildern.
Leuchte die Leuchtbuchstaben an, die du in den Wörtern hörst.

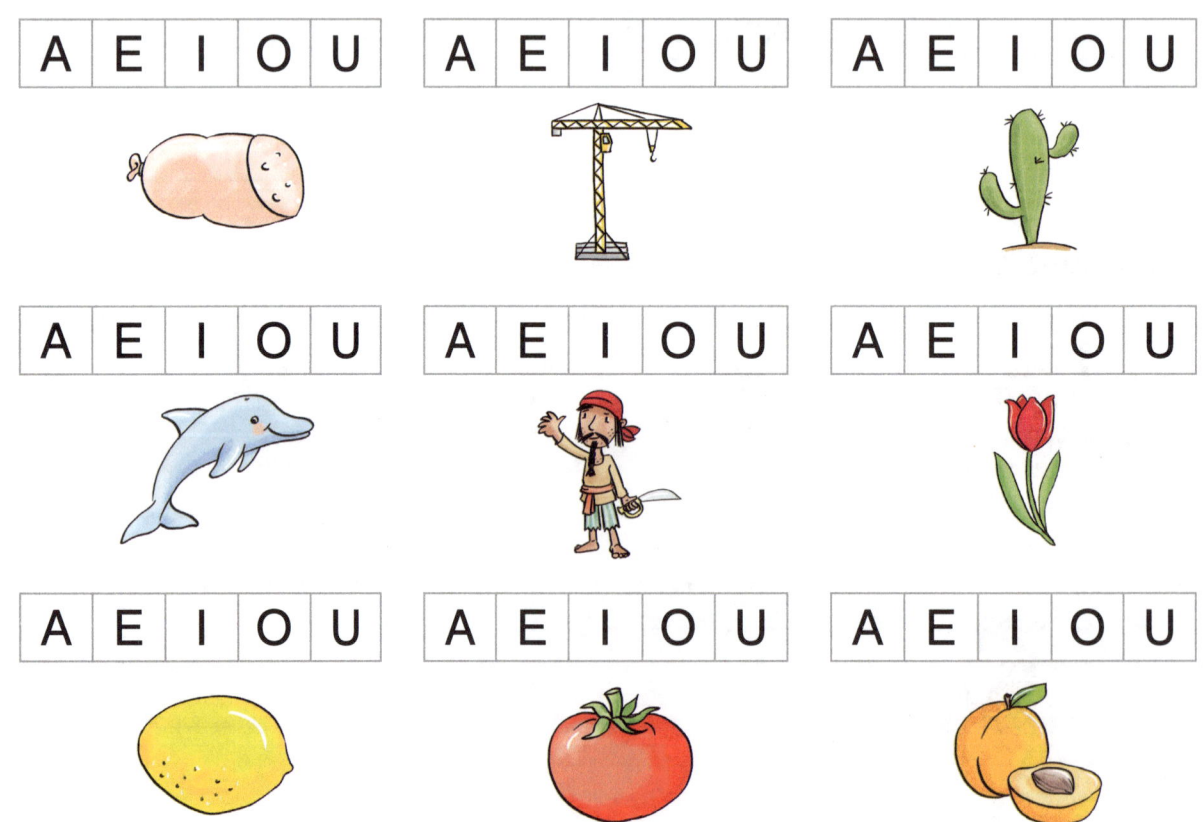

10

– Kannst du es?: Seite 11
– Lehrerkommentar S. 19 / KV 5, 6

1 Verbinde die Reimwörter.

Male deine Sterne aus: ☆ ☆ ☆

➜ Seite 70, Aufgabe 1

2 Verbinde die Wörter mit dem gleichen Anlaut.

Male deine Sterne aus: ☆ ☆ ☆

➜ Seite 70, Aufgabe 1

3 Setze A, E, I, O, U ein.

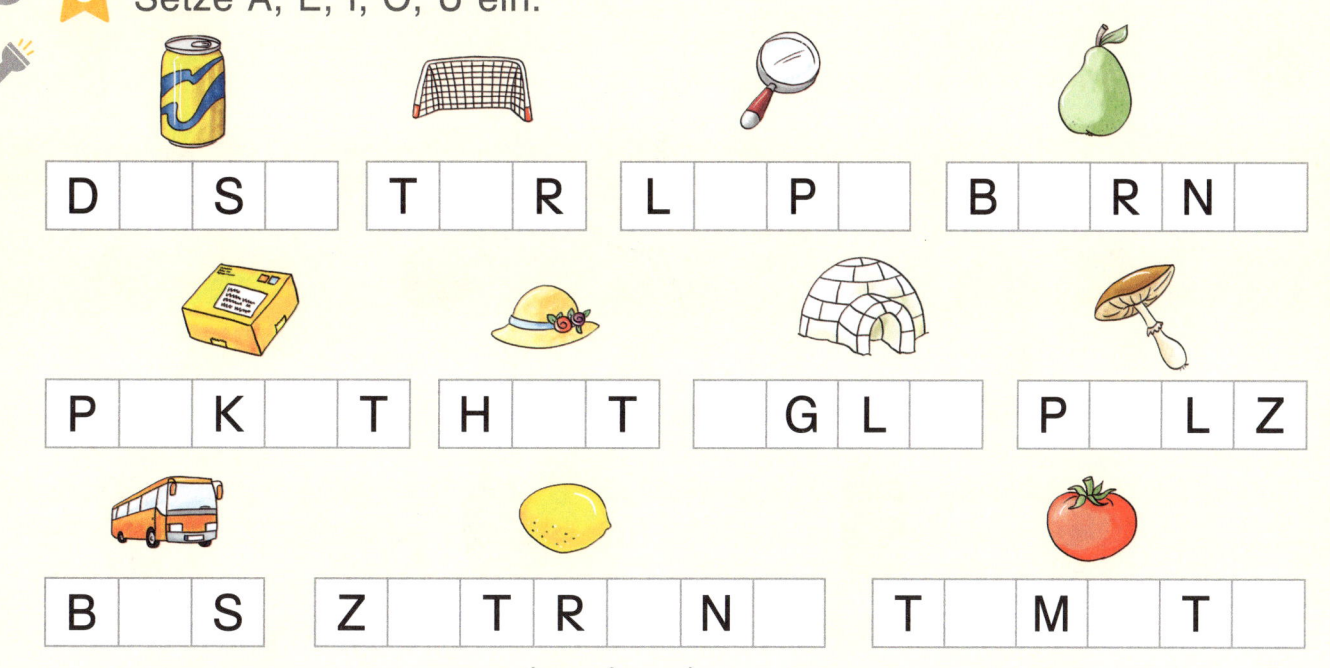

| D | | S | | T | | R | L | | P | | B | | R | N |

| P | | K | | T | | H | | T | | G | | L | | P | | L | Z |

| B | | S | | Z | | T | R | | N | | T | | M | | T |

Male deine Sterne aus: ☆ ☆ ☆

➜ Seite 70, Aufgaben 2, 3

① Sprich die Wörter gedehnt. Wie viele Laute hörst du?
Male die Lautkugeln. Leuchte die Kugeln für A, E, I, O, U gelb an.

----

② Male auch hier die Lautkugeln.
Leuchte die Kugeln für A, E, I, O, U gelb an.

– Kannst du es?: Seite 22
– Lehrerkommentar S. 21 / KV 7

1 Sprich die Wörter deutlich. Was passt hier nicht?
Streiche durch.

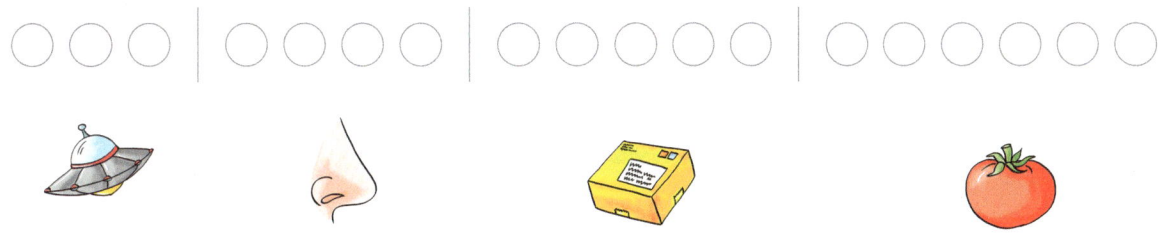

2 Verbinde die Bilder mit den passenden Lautkugeln.

Wie viele Wörter kannst du schreiben?

◯◯◯   ◯◯◯◯   ◯◯◯◯◯

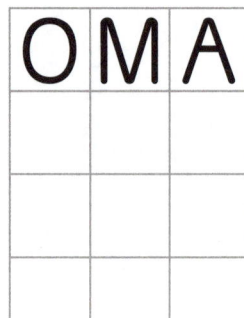 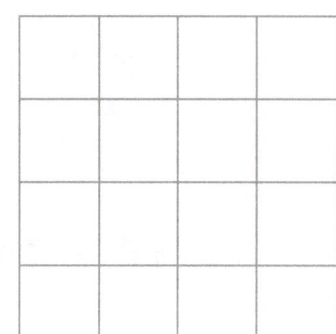 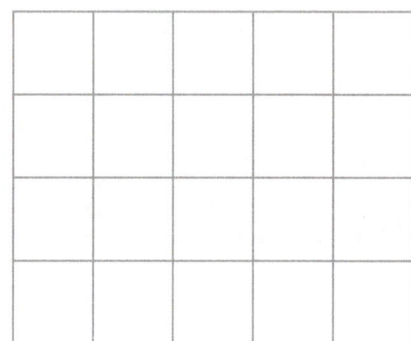

◯◯◯◯◯◯

– Kannst du es?: Seite 22
– Lehrerkommentar S. 23 / KV 8

① Leuchte die Lautkugeln für A, E, I, O und U gelb an. Schreibe auf.

○ ○ ○ ○

○ ○ ○ ○ ○

○ ○ ○ ○

○ ○ ○ ○ ○ ○

○ ○ ○ ○ ○

○ ○ ○ ○ ○ ○ ○ ○

○ ○ ○ ○ ○ ○ ○ ○

 ② Welche Laute hörst du? Kreise sie ein.
Schreibe das Wort dann auf.

WOAL

MSTOR

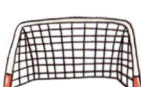

NPOSTE

KRABTE

SFRADIMO

ROSUE

1 Leuchte die Lautkugeln für A, E, I, O, U bei allen Bildern gelb an.

2 Male hier die Lautkugeln für T rot an.

3 Male hier die Lautkugeln für M rot an.

4 Male hier die Lautkugeln für P rot an.

5 Schreibe Wörter von Aufgabe 2 – 4 auf.

– Kannst du es?: Seite 23
– Lehrerkommentar S. 25 / KV 36

 **(1)** Male die Lautkugeln und schreibe die Wörter auf.

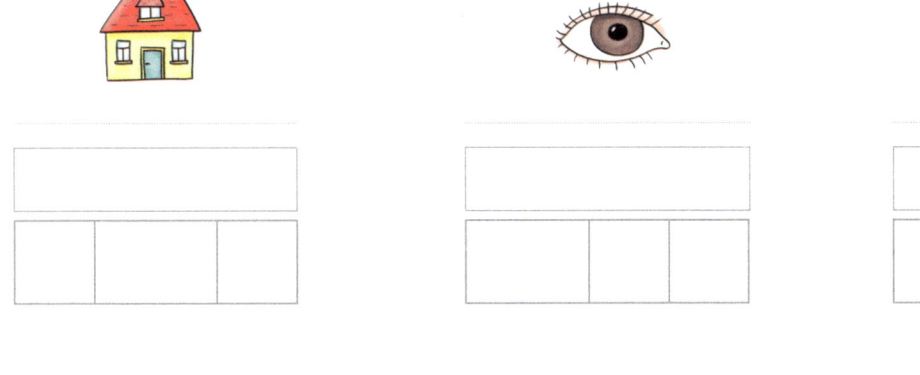

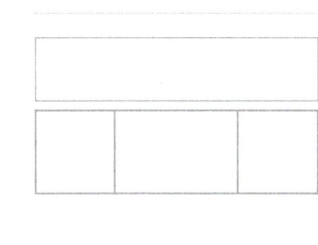

1 Verbinde das Wort mit dem Bild. Markiere ei/Ei orange.

Eier   Leiter   Kreis   Eimer

Pfeil   Papagei   Beine   Eis

2 Male die Lautkugeln und schreibe auf. Markiere EI orange.

– Kannst du es?: Seite 22
– Lehrerkommentar S. 27 / KV 9

1 Wo hörst du ein CH oder SCH? Kreuze im Bild an.

2 Male die Lautkugeln. Schreibe dann die Wörter auf.

D | A | CH

3 Male die Lautkugeln. Schreibe dann die Wörter auf.

 (1) Sprich jeden Laut deutlich.
Kreuze die Bilder zu den Wörtern oben an.

FLEDERMAUS   KLO   GLAS
BLUME   FLASCHE   BLUSE

(2) Fahre die beiden Anfangsbuchstaben bei Aufgabe 1 farbig nach.

(3) Decke Aufgabe 1 ab. Schreibe die Wörter auswendig auf.

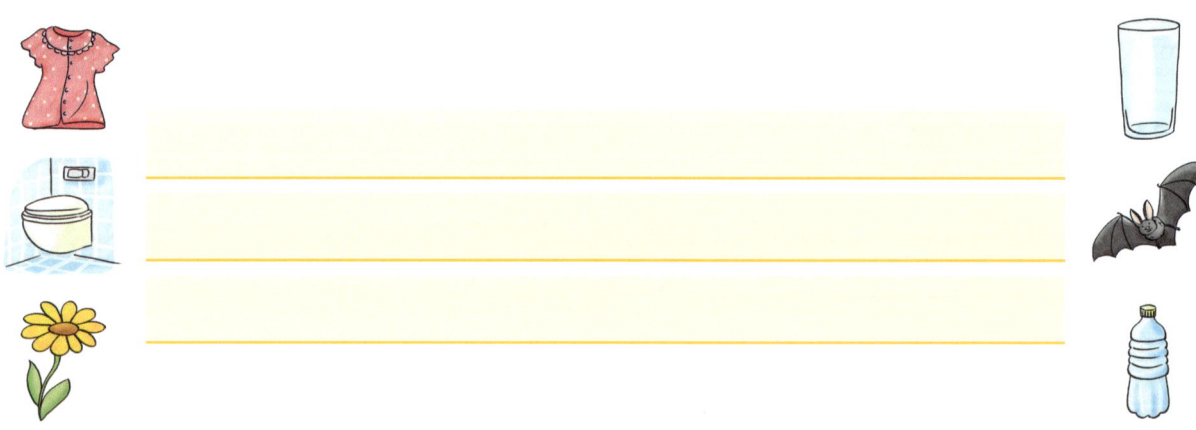

(4) Setze ein: FL oder BL? Leuchte die Leuchtbuchstaben gelb an.

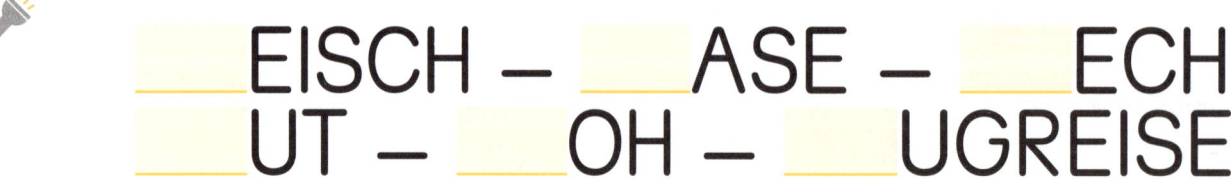

___EISCH – ___ASE – ___ECH
___UT – ___OH – ___UGREISE

– Kannst du es?: Seite 23
– Lehrerkommentar S. 29

1 Fahre die beiden Anfangsbuchstaben farbig nach.
Sprich die Wörter deutlich.

BROT   DRACHE   TROMPETE
KRONE   KROKODIL   DROMEDAR
KRAN   FROSCH   FRIDOLIN

---

2 Decke Aufgabe 1 ab.
Schreibe die Wörter zu den Bildern auf.

Sprich beim
Schreiben mit.

---

3 Wie viele Wörter kannst du schreiben?

1 Wie viele Laute hörst du? Male die Lautkugeln und leuchte an.

Male deine Sterne aus: ☆ ☆ ☆

Seite 71, Aufgabe 1

2 Verbinde die Wörter mit den passenden Lautkugeln.

Male deine Sterne aus: ☆ ☆ ☆

Seite 71, Aufgabe 2

3 Schreibe einige Wörter von Aufgabe 2 auf.

Male deine Sterne aus: ☆ ☆ ☆

Seite 71, Aufgabe 2

1 Leuchte die Lautkugeln für A, E, I, O, U bei allen Bildern gelb an.

2 Male hier die Lautkugeln für K rot an.

○ ○ ○ ○ ○ | ○ ○ ○ ○ ○ | ○ ○ ○ ○ ○ | ○ ○ ○ ○ ○

3 Male hier die Lautkugeln für N rot an.

○ ○ ○ ○ | ○ ○ ○ ○ ○ | ○ ○ ○ ○ ○ ○ | ○ ○ ○ ○

Male deine Sterne aus: ☆ ☆ ☆

➔ Seite 71 Aufgabe 3

4 Schreibe die Wörter von Aufgabe 2 und 3 auf.

Male deine Sterne aus: ☆ ☆ ☆

➔ Seite 71, Aufgabe 3

5 Setze die fehlenden Buchstaben ein.

___UME, ___ONE, ___AS, ___OT
___AN, ___USE, ___OH, ___IDOLIN

Male deine Sterne aus: ☆ ☆ ☆

23

1 Die Kinder rufen ihre Freunde. Hüpfe und setze die Silbenbögen.

2 Sprich die Wörter in Silben. Leuchte die Leuchtbuchstaben gelb an und setze die Silbenbögen.

A LI   TOR BEN   KRIS TI NA

SA RA   JU LI AN   LE NA

Jede Silbe muss leuchten.

LU I SA   LAU RIN

ME LI NA BO RIS MEI KE LA RA

– Kannst du es?: Seite 32
– Lehrerkommentar S. 32 / KV 10

① Leuchte die Leuchtbuchstaben in den Wörtern gelb an. Setze dann die Silbenbögen.

 BA NA NE   LU PE

DO MI NO   TAU BE   LI MO NA DE

② Schreibe die Wörter aus Aufgabe 2 nun in Silben getrennt auf.

RO - SE,

③ Schreibe die Wörter in Silben getrennt auf. Leuchte an.

Sprich die Silben genau, dann hörst du alle Laute.

PAL – ME
KAK – TUS

A, E, I, O, U stehen jetzt nicht am Ende der ersten Silbe.

---

1 Sprich die Wörter deutlich in Silben.

---

2 Schreibe die fehlenden Silben zu den Bildern aus Aufgabe 1 auf.

	TE		SEL		KE
	ME		TEN		PE

---

3 Schreibe die Wörter in Silben getrennt auf.
Leuchte A, E, I, O und U in der ersten Silbe gelb an.

   IG-

– Kannst du es?: Seite 32
– Lehrerkommentar S. 34 / KV 12 (, 14)

1 Sprich die Wörter in Silben und setze die Silbenbögen.
Schreibe die Wörter in Silben getrennt in die richtige Spalte.

HONIG HUNDE ONKEL NOTE KATER KARTE

KINDER HEFTE WAGEN BIBER PILZE HUPE

: erste Silbe offen	: erste Silbe geschlossen
HO-NIG,	HUN-DE,

2 Schreibe die Wörter mit Silbenbögen auf.
Wo leuchtet die Taschenlampe?

 _____

 _____

_____

👄 (1) Sprich die Wörter zu den Bildern deutlich.

🔦 (2) Trage die Wörter ein. Leuchte den ersten Leuchtbuchstaben an.

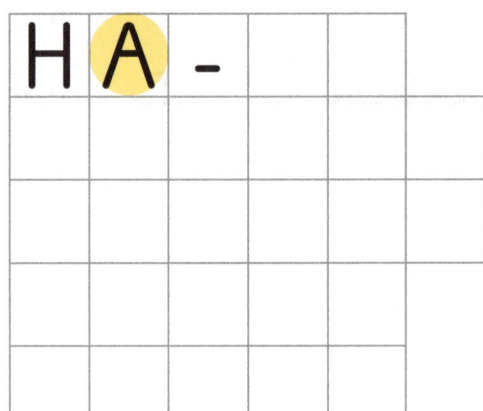

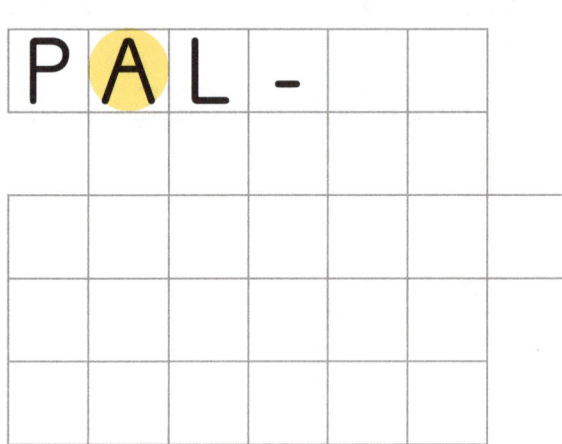

- -

🔦 (3) Setze die Silbenbögen. Leuchte den ersten Leuchtbuchstaben an.

KIRCHE   REGEN   TUBE   KAKTUS   KRONE

RAUPE   SCHWESTER   KINDER   LEITER

- -

(4) Schreibe die Wörter von Aufgabe 3 in Silben getrennt auf.

28

– Kannst du es?: Seite 32
– Lehrerkommentar S. 36 / KV 10, 11, 12, 14, 37

① Was sagt Felix? Suche dazu oben die Bilder. Kreuze sie an.

② Sprich ganz deutlich. Leuchte die Leuchtbuchstaben gelb an.

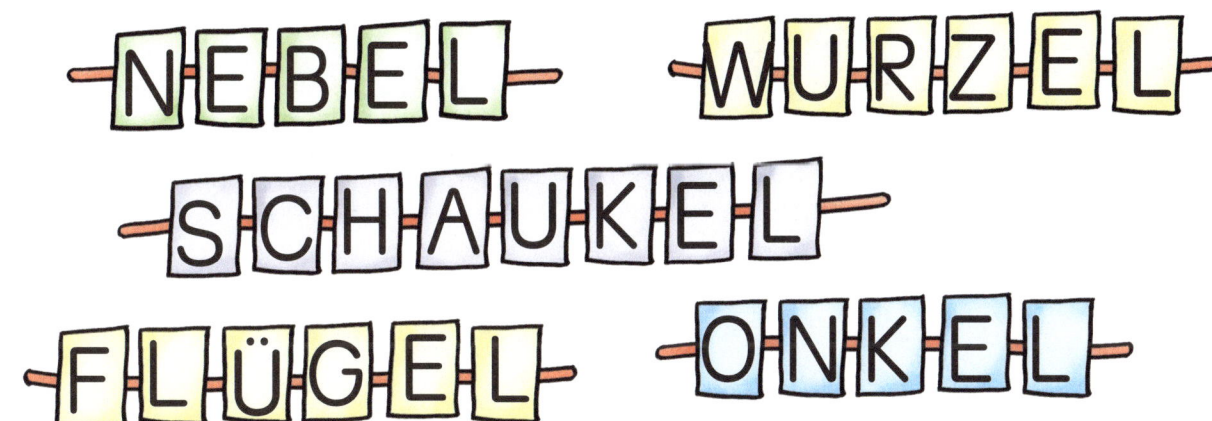

③ Sprich ganz deutlich. Schreibe die Wörter auf. Setze dann die Silbenbögen und markiere die Endung -el orange.

① Setze die Silbenbögen und sprich alle Laute.
Verbinde Wort und Bild.

FEDER   **FENSTER**   **KATER**

SCHWESTER   **BRUDER**   **WINTER**

---

 ② Schreibe auf und setze die Silbenbögen.
Markiere die Endung -er orange.

---

 ③ Sprich alle Laute deutlich.
Schreibe auf und setze die Silbenbögen.
Markiere die Endung -en orange.

30

– Kannst du es?: Seite 32
– Lehrerkommentar S. 38 / KV 13

WAL
ENTE
HUNDE
KROKODIL

KA
TER

Für jede Silbe eine andere Farbe.

---

① Schreibe auf. Nimm verschiedene Farben für die Silben.

---

② Welche Silben fehlen? Setze sie ein.

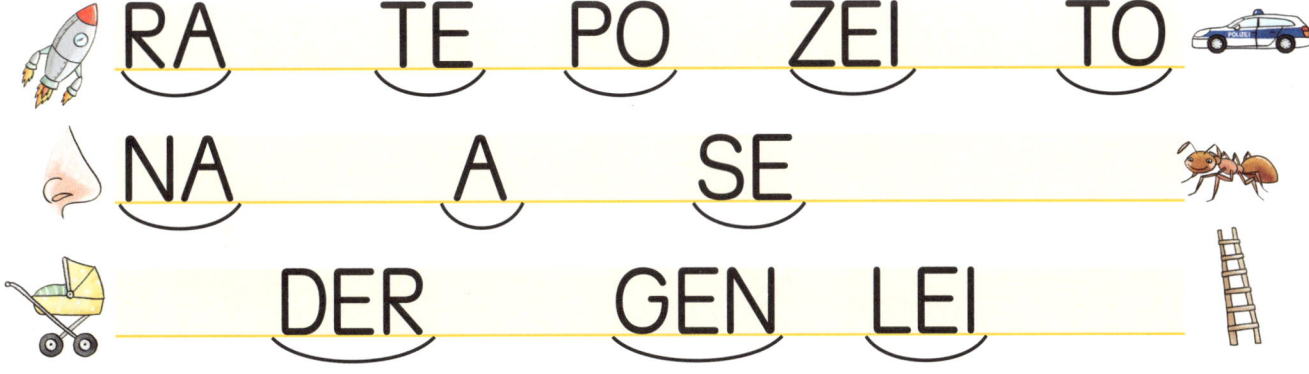

RA ___ TE PO ___ ZEI ___ TO

NA ___ A ___ SE

___ DER ___ GEN LEI ___

---

③ Schreibe Wörter von Aufgabe 2 auf.
Nimm verschiedene Farben. Schreibe so: RAKETE

 Sprich die Wörter in Silben. Verbinde.

Male deine Sterne aus: ☆ ☆ ☆

Seite 72, Aufgabe 1

 Male die zusammengehörenden Silben in der gleichen Farbe an. Die Bilder helfen dir.

 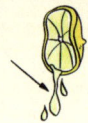     

FENS	TOR	OS	TER	KA	SE	TROM
TE	TER	NEN	LEN	HA	PE	TE
ZI	TRO	DER	SAFT	KRO	KO	DIL

Male deine Sterne aus: ☆ ☆ ☆

Seite 72, Aufgabe 2, 3

 Setze die Silbenbögen. Schreibe die Wörter in die richtige Spalte.

MALER AMPEL BLUMEN GARTEN KUGEL PANDA

🔦≡	🔦🖐
MA-LER,	AM-PEL,

Male deine Sterne aus: ☆ ☆ ☆

Seite 72, Aufgabe 2

1 Male alle Menschen, Tiere, Pflanzen und Dinge an.
Schreibe dann ihre Namen auf.

1 Welcher Begleiter gehört zu dem Namenwort? Schreibe auf.

der	die	das

– Kannst du es?: Seite 37
– Lehrerkommentar S. 42 / KV 16

Namenwörter schreibt man groß.

der Igel

der Traktor

die Tulpe

das Kind

1 Schreibe Namenwörter mit ihrem Begleiter auf.

der Junge,

1 Aus 1 mach 2! Schreibe auf.

ein Wal	ein Wal – zwei Wale
eine Frau	
ein Kleid	
ein Auto	

2 Zähle genau. Schreibe dann auf.

– Kannst du es?: Seite 37
– Lehrerkommentar S. 44 / KV 16, 17, 38

Unterstreiche alle Namenwörter. Schreibe sie mit Begleiter auf und markiere den Großbuchstaben farbig.

kind – warm – saft – taube – kaufen – kalt – schwein
teich – milch – braun – lampe – pinguin – machen –
rot – bauch – buch – und – onkel – insel – grün

Male deine Sterne aus: ☆ ☆ ☆

 Seite 73, Aufgaben 1, 3

 Schreibe die Mehrzahl zu den Bildern auf.

zwei

Male deine Sterne aus: ☆ ☆ ☆

 Seite 73, Aufgabe 2

 1 Sprich die Wörter zu den Bildern. Setze ein: ä, ö oder ü.

2 Schreibe die Wörter von Aufgabe 1 mit Begleiter auf.

ä:

ö:

ü:

3 Aus 1 mach 2! Schreibe auf.

– Kannst du es?: Seite 42
– Lehrerkommentar S. 46

1 Welches Wort mit **a** versteckt sich hier? Schreibe es auf.

Äpfel

Äste

Hände

Bänke

Bälle

Nägel

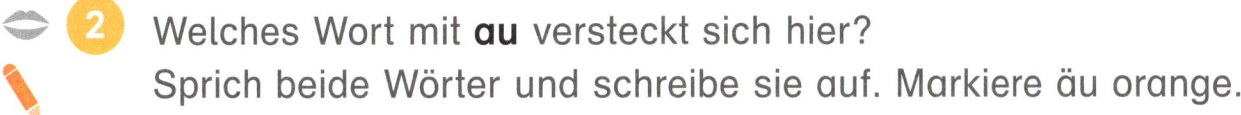

2 Welches Wort mit **au** versteckt sich hier?
Sprich beide Wörter und schreibe sie auf. Markiere äu orange.

1 Was tun die Leute? Schreibe die Tunwörter in der Grundform auf.

schaukeln

40

– Kannst du es?: Seite 42
– Lehrerkommentar S. 48 / KV 19

1 Schreibe auf, was *du* alles tust. Markiere die Endung farbig.

lesen   rechnen   hören   malen   lernen   schlafen

Ich lese.

---

2 Schreibe auf, was Ben alles tut. Markiere die Endung farbig.

turnen   schaukeln   kochen   baden   schreiben   lachen

Ben turnt.

---

3 Verbinde. Markiere die Endung des Tunworts farbig.

Die Kinder	hört	Apfelsaft	•
Oma	male	Radio	•
Ich	trinken	ein Hochhaus	•

 **4** Schreibe die Sätze von Aufgabe 3 auf.

1 Schreibe das Tunwort in der Grundform unter jedes Bild.

Male deine Sterne aus:

Seite 74, Aufgabe 1

2 Setze vor jedes Tunwort von Aufgabe 1 einen Namen und schreibe auf.

Lara

Male deine Sterne aus:

Seite 74, Aufgabe 1

 3 Wie viele Tunwörter findest du zu diesem Bild?

Male deine Sterne aus:

Seite 74, Aufgabe 1

1 Schreibe die Wörter in die Bausteine.

suchen

bauen

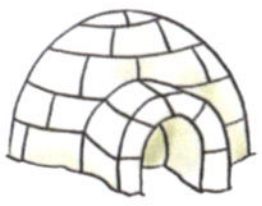

kaufen

warten

1 Schreibe die Sätze auf. Achte auf die Lücken und den Punkt.

finden

angeln

arbeiten

kaufen

2 Schreibe eigene Sätze. Achte auf die Lücken und den Punkt.

– Kannst du es?: Seite 48
– Lehrerkommentar S. 52 / KV 21

1 Male die Bilder für die Namenwörter an.

2 Schreibe die Sätze von Aufgabe 1 auf.
Denke an den Satzanfang und an den Punkt.

3 Markiere den ersten Buchstaben des Satzanfangs
und der Namenwörter farbig.

1 Schreibe die Sätze und markiere die Endung beim Tunwort farbig.

 kaufen  +  →

 finden  →

 legen  →

2 Schreibe mit diesen Tunwörtern eigene Sätze.

suchen   malen   warten

46

– Kannst du es?: Seite 48
– Lehrerkommentar S. 54 / KV 21, 22, 39

Aus **a** wird **ä**:
waschen – wäscht
fangen – fängt

Fridolin wäscht sich die Hände.

Amanda fängt Mäuse.

 1 Schreibe die Sätze. Markiere **ä** im Tunwort orange.

 halten     halten

 tragen 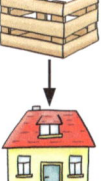    tragen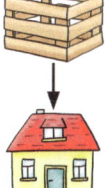

 **2** Bilde Sätze und schreibe sie auf. Markiere **ä** orange.

Kim schlafen Bett	Katze fangen Mäuse	Apfel fallen Wiese	Onkel ausblasen Kerze

1 Verbinde mit verschiedenen Farben zu Sätzen.

| baden | kochen | arbeiten | | schlafen | angeln | kaufen |

Male deine Sterne aus: ☆ ☆ ☆

➡ Seite 74, Aufgaben 2, 3

2 Schreibe deine Sätze von Aufgabe 1 auf.

Male deine Sterne aus: ☆ ☆ ☆

➡ Seite 74, Aufgaben 2, 3

48

① Markiere eu oder Eu orange. Setze die Silbenbögen.

Feuer   Eule   Leute

Euro   neun   Freunde

② Schreibe die Wörter von Aufgabe 1 in Silben getrennt auf.

③ Setze eu oder Eu ein. Schreibe die Wörter dann auf.

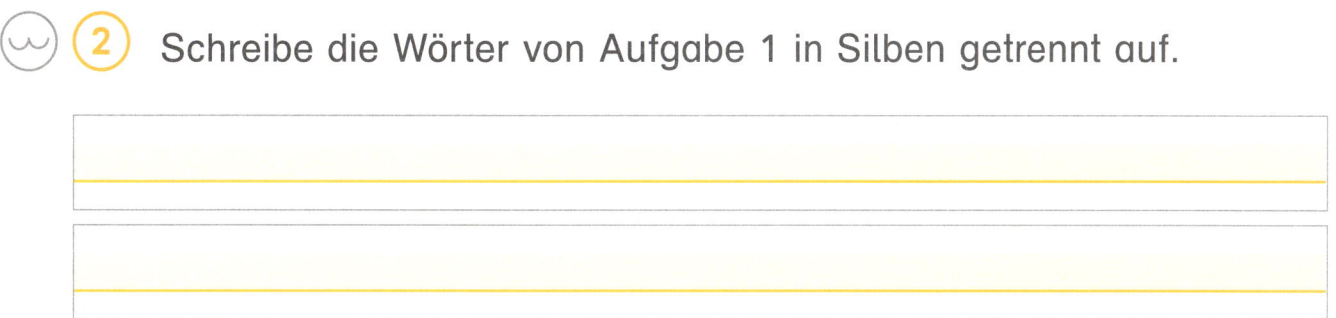

Sch___ne ___ropa n___n n___h___te

l___chten B___le H_____ch

① Schreibe die Wörter mit St auf. Markiere St orange.

② Lies die Sätze. Fahre st und St orange nach.

Starke Störche starten nach Afrika.
Stefan steigt über die Stange.
Stine stolpert über einen Stein.

③ Schreibe den ersten Satz von Aufgabe 2 auf.

– Kannst du es?: Seite 56
– Lehrerkommentar S. 58 / KV 23

1 Schreibe die Wörter mit sp oder Sp auf. Markiere sp/Sp orange.

2 Setze sp oder Sp orange ein. Lies die Sätze.

___ortler ___eisen ___inat und ___agetti.

___ürhunde ___ringen über ___alten.

Ge___enster ___uken auf dem ___eicher.

3 st/St oder sp/Sp? Setze orange ein.
Schreibe die Wörter dann auf.

___urm ___ielen ___ort ___rauch

___unde ___aren ___inne ___rechen

✏️ ① Schreibe die Namenwörter mit pf/Pf auf. Markiere pf/Pf farbig.

Pfeife   Pfau   Pflaume   Apfel

Pfeil   Zapfen   Pfote   Pfirsich

👄 ② Sprich die Reimwörter in der Mehrzahl und schreibe sie
〰️ in Silben getrennt auf.

③ Setze pf/Pf ein. Schreibe die Wörter dann auf.

___lanze   ___eifen   hü___en   ___ote

___legen   ___und   schim___en   ___ui

– Kannst du es?: Seite 56
– Lehrerkommentar S. 60

① Male das ng in den Wörtern von Aufgabe 1 farbig an.

Ringe – Finger – Schlange –
Zunge – Angel – Junge – Stange

② Sprich die Wörter und setze die Silbenbögen. Was fällt dir auf?

③ Zeichne die Silbenbögen ein und lies die Wörter in Silben.
Leuchte die Leuchtbuchstaben gelb an.

Pinguin – fangen – Zange – klingeln – bringen

Lunge – Hunger – singen – Klingel – Engel

④ Schreibe die Wörter von Aufgabe 1 und 3 in Silben getrennt auf.

👄 (1) Lies die Wörter und setze die Silbenbögen.

winken – denken – danken – Schränke – danke

Bänke – Schranke – trinken – tanken – schenken

👄 (2) Suche in Aufgabe 1 die Reimwörter und schreibe die Paare auf.

winken –

(3) Schreibe passende Sätze auf.

Saft trinken	Lara Saft.
Benzin tanken	
Buch schenken	
Auto lenken	

– Kannst du es?: Seite 56
– Lehrerkommentar S. 62

👄 ① Sprich die Wörter in der Einzahl und Mehrzahl.

✏️ Schreibe sie dann auf. Markiere das versteckte r orange.

Turm

Tür-me

✏️ ② Setze zusammen. Markiere das r orange.

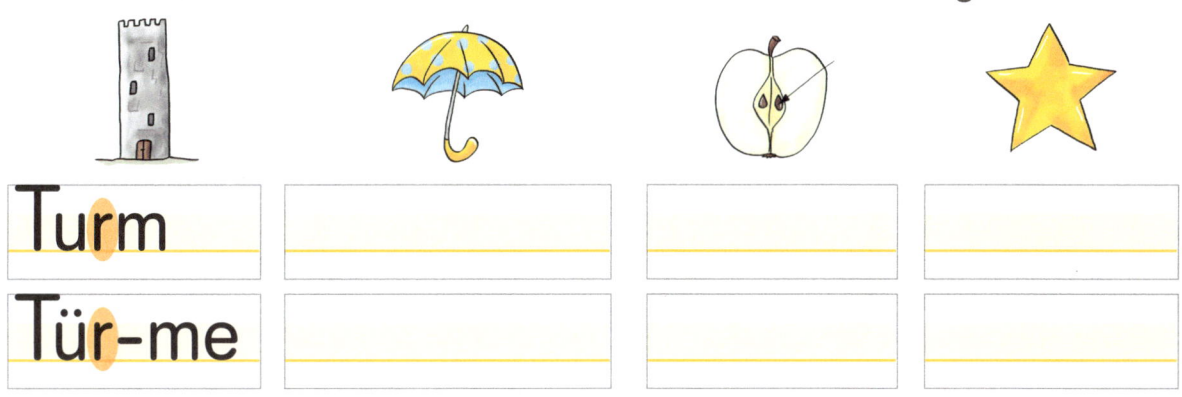

Her	zen		Bir	ne
Gar		war		tur
	Gur		Ker	
ten	ke	ten	nen	ze

③ Schreibe die Wörter von Aufgabe 2 auf.

1 Ordne die Wörter zu den Bildern in die richtige Spalte ein.

Wörter mit eu/Eu	Wörter mit st/St	Wörter mit pf/Pf	Aufgepasst! r

Male deine Sterne aus: ☆ ☆ ☆

Seite 75, Aufgaben 1, 2

2 Trage in die vierte Zeile der Tabelle in Aufgabe 1 noch ein eigenes Wort ein.

Male deine Sterne aus: ☆ ☆ ☆

Seite 75, Aufgabe 1, 2

3 Wer tut was? Schreibe auf.

Lea

Male deine Sterne aus: ☆ ☆ ☆

1 Male die Bilder für die Namenwörter aus. Schreibe die Sätze auf.

2 Schreibe den Satz zu den Bausteinen auf.

 schlafen heute

① Schreibe zu jedem Bild einen passenden Satz.

② Schreibe zu dem Bild Sätze.

– Lehrerkommentar S. 66 / KV 25

1 Sprich die Wörter zu den Bildern. Setze ein: B oder P.

2 Schreibe die Wörter von Aufgabe 1 auf.

Ich höre ein B.	Ich höre ein P.

3 Suche weitere Wörter mit b/B und p/P aus der Wörterliste und schreibe sie auf.

① Sprich die Wörter zu den Bildern. Setze ein: D oder T.

② Schreibe jedes Wort von Aufgabe 1 in die richtige Spalte.

Ich höre ein D.	Ich höre ein T.

③ Suche weitere Wörter mit d/D und t/T aus der Wörterliste und schreibe sie auf.

– Lehrerkommentar S. 68

1 Sprich die Wörter zu den Bildern. Setze ein: G oder K.

2 Schreibe jedes Wort von Aufgabe 1 in die richtige Spalte.

Ich höre ein G.	Ich höre ein K.

3 Suche weitere Wörter mit g/G und k/K aus der Wörterliste und schreibe sie auf.

Was bedeuten die Striche und Punkte, Felix?

Bei kurz gesprochenen Lauten mache ich einen Punkt.

Ha-se   Lam-pe
Fe-der   Ster-ne
Bi-ber   Kin-der
Ro-se   Tor-te
Hu-pe   Pup-pe

Bei lang gesprochenen Lauten mache ich einen Strich darunter.

① Sprich die Wörter und setze das richtige Zeichen: __ oder •.

Biber ☐   Blume ☐   Kerze ☐   Palme ☐   Leiter ☐   Karte ☐

Eule ☐   Wolke ☐   Raupe ☐   Pinsel ☐   Nadel ☐   Kaktus ☐

② Schreibe die Wörter in Silben getrennt in die richtige Spalte.

lang gesprochen – offene Silbe	kurz gesprochen – geschlossene Silbe
Bi-ber,	Ker-ze,

③ Was passt nicht dazu? Streiche durch.

lang gesprochen – offene Silbe	kurz gesprochen – geschlossene Silbe

1 Sprich die Wörter mit ie.
Schreibe sie auf und setze die Silbenbögen. Markiere **ie** orange.

2 Hier kannst du reimen.
Markiere die Aufpass-Stelle **ie** immer orange.

fliegen	b	s	l
Biene	S	Wiese	R

3 Schreibe Amandas Satz von oben auf. Markiere alle ie orange.

① Diese Wörter haben alle einen doppelten Mitlaut.
Schreibe sie in Silben getrennt auf. Markiere orange.

    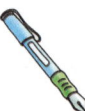 

Mut-ter,

② Hier kannst du dichten. Setze die richtigen Tunwörter ein.
Markiere den doppelten Mitlaut orange.

summen   essen   brennen   fressen
schnattern   rennen   brummen   knattern

Menschen	Tiere
Feuer	Kinder
Enten	
Motorräder	
Bienen	Bären

1 Schreibe auf und markiere die Aufpass-Stelle d orange.

Hun-de   Hund

2 Hier kannst du reimen. Markiere die Aufpass-Stelle d orange.

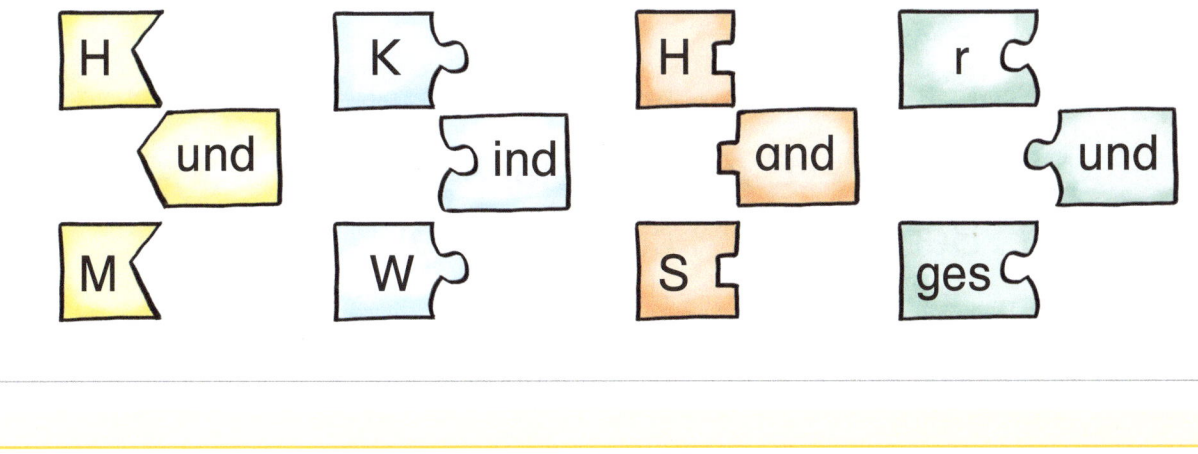

✏️ ① Sprich die Wörter. Was weißt du noch über diese Aufpass-Stellen?

Mäuse	**Stunde**	**Freundin**
Mutter	**Sportler**	**Hände**

✏️ ② Decke immer ein Wort von Aufgabe 1 ab und schreibe es auf.

✏️ ③ Findest du eine Aufpass-Stelle? Markiere sie orange.

**Sterne – Eule – rennen – Biene
Bäume – sprechen – Äpfel**

✏️ ④ Suche aus der Wörterliste acht Wörter mit Aufpass-Stellen.

1 Sieh in der Wörterliste bei v/V nach und schreibe die Wörter auf.
Markiere die Aufpass-Stellen v/V orange.

2 Decke Aufgabe 1 ab. Setze die Wörter auswendig ein.

_____ arbeitet im Büro.

Das Auto hat _____ Räder.

_____ _____ holen Körner

aus dem _____ haus.

3 Lies die Wörter und markiere die Aufpass-Stelle orange.
Decke ab und schreibe die Wörter dann auf.

Hexe   mixen   Computer   Clown

1 Schreibe jedes Wort mit dem Finger auf die Bank.
   Markiere die Aufpass-Stelle orange.

   Katze   groß   Zahn   Zucker

   dick   putzen   fahren   Fuß

2 Decke Aufgabe 1 ab und schreibe die Wörter auswendig
   in die richtige Spalte.

Wörter mit ß	Wörter mit tz	Wörter mit ck	Wörter mit stummem h

3 Suche die Wörter zu den Bildern in der Wörterliste
   und schreibe sie auf.

4 Markiere die Aufpass-Stelle in den Wörtern von Aufgabe 3.

— Lehrerkommentar S. 76 / KV 28, 29

1 Markiere die Aufpass-Stellen orange. Präge dir immer einen Satz ein. Decke dann ab und schreibe ihn auswendig auf.

Max rechnet.

Mutter wäscht.

Der Wind bläst.

Vater schreibt.

Vögel fliegen.

Das Wasser läuft.

2 Lies die Geschichte und markiere die Aufpass-Stellen. Decke nacheinander ab und schreibe auf. Markiere.

Bald komme ich | in die 2.Klasse. | Ich kann |

lesen und rechnen | schreiben und aufpassen. |

Ich freue mich | auf die Ferien.

1 Verbinde die Wörter mit dem gleichen Anlaut.

2 Setze die Leuchtbuchstaben A, E, I, O, U ein.

N		D		L
M		L		N
T		R		T

| T | SCH | G | | R | K |
| P | | R | | K | | S |

3 Sprich die Wörter zu den Bildern.
Leuchte die Leuchtbuchstaben an, die du in den Wörtern hörst.

A E I O U   A E I O U   A E I O U

A E I O U   A E I O U   A E I O U

1 Wie viele Laute hörst du? Male die Lautkugeln.
Leuchte die Lautkugeln für A, E, I, O und U gelb an.

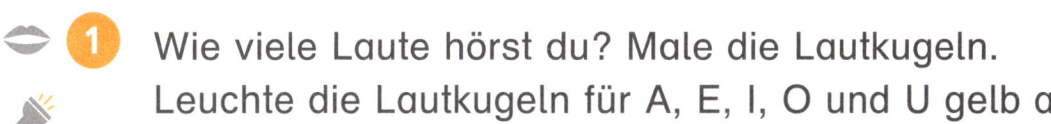

○ ○ ○ ○ | ○ ○ ○ ○ ○ | ○ ○ ○ ○ ○ ○ ○

○ ○ ○ ○ ○ ○ | ○ ○ ○ ○ | ○ ○ ○ ○ ○

2 Verbinde die Bilder mit den passenden Lautkugeln.

○ ○ ○ | ○ ○ ○ ○ | ○ ○ ○ ○ ○ | ○ ○ ○ ○ ○

3 Leuchte die Lautkugeln für A, E, I, O und U gelb an.
Wo hörst du ein T? Male die Lautkugel für T rot an.

○ ○ ○ ○ | ○ ○ ○ ○ ○ ○ | ○ ○ ○ ○ | ○ ○ ○ ○ ○ ○

1 Finde für jede Spalte drei Wörter. Die Wörterliste hilft dir.
Leuchte die Leuchtbuchstaben gelb an.

eine Silbe	zwei Silben	drei Silben

2 Schreibe die Wörter in Silben getrennt auf und kreuze an.

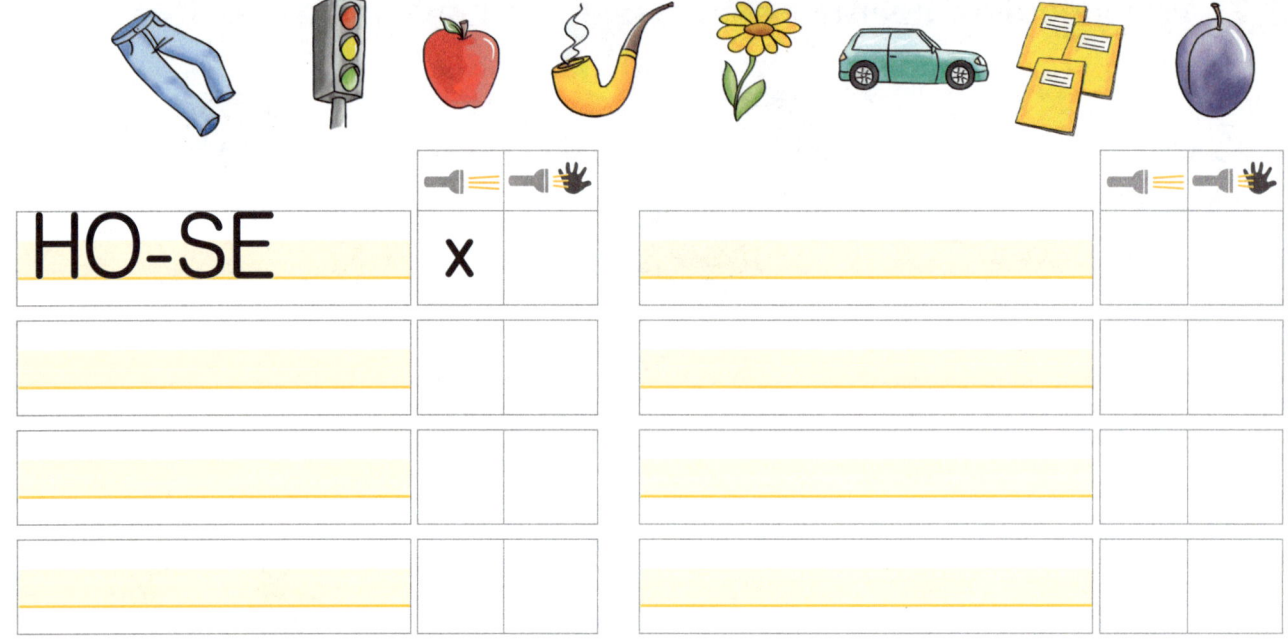

HO-SE	x				

3 Setze die fehlende Silbe ein.

E ☐ FANT   KIS ☐   SCHRAU ☐

KA ☐ DER   PA ☐ GEI   ☐ MINO

KAK ☐   LAM ☐   SCHO ☐ LA ☐

1 Schreibe zu jedem Begleiter drei passende Namenwörter auf.

der	die	das

2 Schreibe die Mehrzahl zu den Bildern auf.

zwei

 3 Unterstreiche die Namenwörter und schreibe sie dann mit Begleiter auf.

nebel – weich – schaukel – fenster – am – hart – wurzel
– wolke – klein – becher – schon – nadel – regenwurm

1 Setze vor die Tunwörter einen Namen und schreibe auf.

suchen   lernen   turnen   warten   klingeln   reimen

2 Bilde mit den Wörtern einen Satz.

| Elena gehen Schule | Frau tanken Benzin | Junge spielen Schwester | Opa angeln Fisch |

3 Schreibe zu den Bildern kleine Sätze.

1 Verbinde je drei Bilder, die die gleiche Aufpass-Stelle haben.

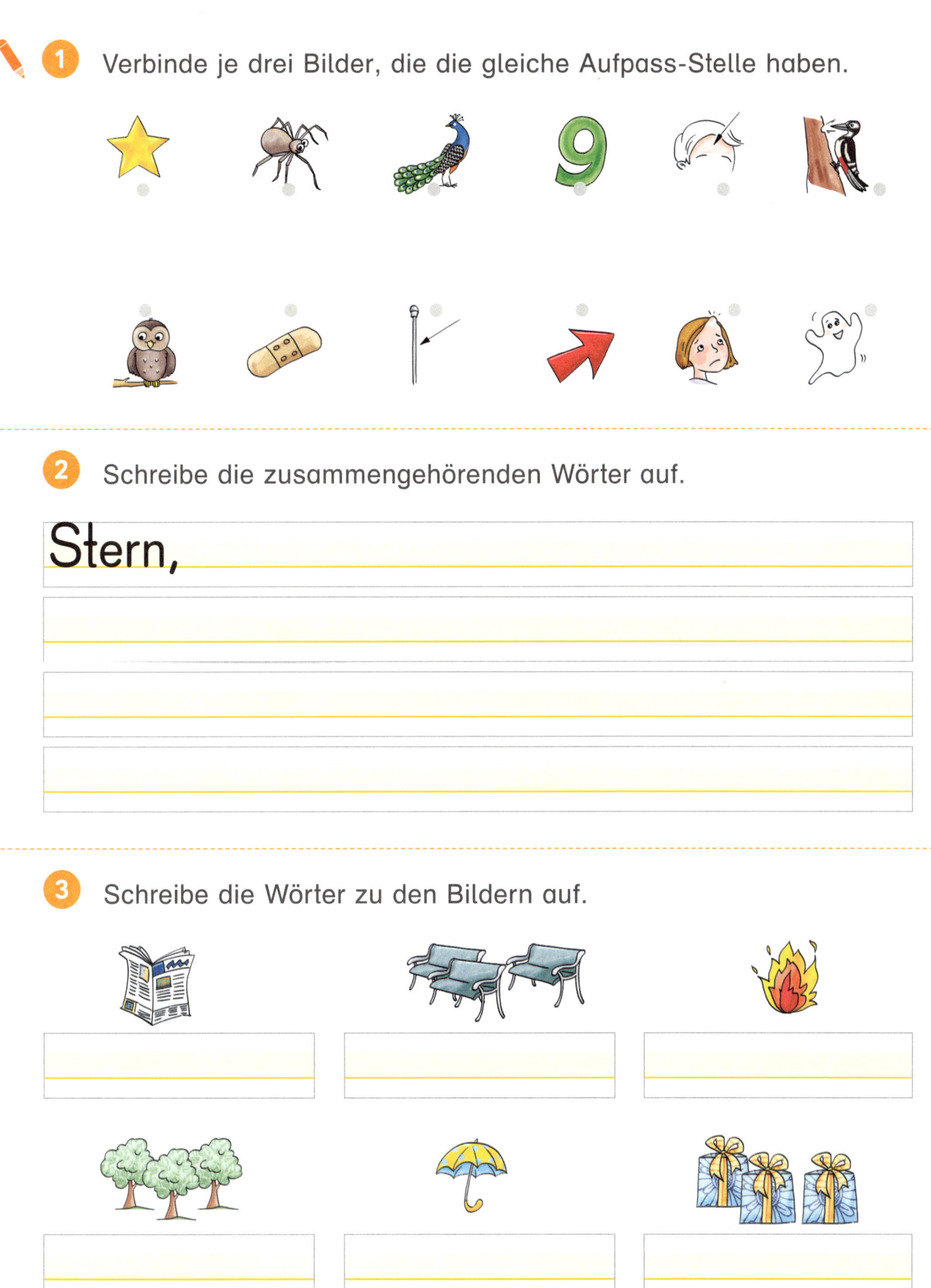

2 Schreibe die zusammengehörenden Wörter auf.

Stern,

3 Schreibe die Wörter zu den Bildern auf.

a / A

acht
Ameise, die
   Ameisen, die
Ampel, die
   Ampeln, die
Ananas, die
angeln
Apfel, der
   Äpfel, die
Apfelsaft, der
Aprikose, die
   Aprikosen, die
Ast, der
   Äste, die
Auge, das
   Augen, die
Auto, das
   Autos, die

b / B

baden
Ball, der
   Bälle, die
Banane, die
   Bananen, die
Bank, die
   Bänke, die
Bär, der
   Bären, die
Bauch, der
   Bäuche, die
bauen
Baum, der
   Bäume, die
Bein, das
   Beine, die
Besen, der
   Besen, die
Biber, der
   Biber, die
biegen
Biene, die
   Bienen, die

Bild, das
   Bilder, die
Birne, die
   Birnen, die
blasen, bläst
Blume, die
   Blumen, die
Bluse, die
   Blusen, die
Blüte, die
   Blüten, die
Boot, das
   Boote, die
Braten, der
Braut, die
   Bräute, die
Brezel, die
Brief, der
   Briefe, die
bringen
Brot, das
   Brote, die
Bruder, der
   Brüder, die
Buch, das
   Bücher, die
Bus, der
   Busse, die

c / C

Cent, der
Computer, der

d / D

Dach, das
   Dächer, die
danken
Daumen, der
   Daumen, die
Delfin, der
   Delfine, die
denken
Dino, der
Domino, das

Dose, die
   Dosen, die
Drache, der
   Drachen, die
drei
Dromedar, das
   Dromedare, die

e / E

Ei, das
   Eier, die
eins
Eis, das
Elefant, der
   Elefanten, die
elf
Ente, die
   Enten, die
Esel, der
   Esel, die
Eule, die
   Eulen die
Euro, der
   Euros, die

f / F

fangen, fängt
Faust, die
   Fäuste, die
Feder, die
   Federn, die
Fenster, das
   Fenster, die
Feuer, das
finden
Finger, der
   Finger, die
Fisch, der
   Fische, die
Flasche, die
   Flaschen, die
Fledermaus, die
   Fledermäuse, die
fahren, fährt

Fliege, die
    Fliegen, die
fliegen, fliegt
Flöte, die
    Flöten, die
Frau, die
    Frauen, die
fressen, frisst
Freund, der
    Freunde, die
Frosch, der
    Frösche, die
Füller, der
    Füller, die
fünf

g / G

Gabel, die
    Gabeln, die
Gans, die
    Gänse, die
Garten, der
    Gärten, die
Geige, die
    Geigen, die
Gemüse, das
Geschenk, das
    Geschenke, die
Gespenst, das
    Gespenster, die
Glas, das
    Gläser, die
Gras, das
    Gräser, die
Gurke, die
    Gurken, die
Gürtel, der
    Gürtel, die

h / H

Haare, die
halten, hält
Hamster, der
    Hamster, die

Hand, die
    Hände, die
Hase, der
    Hasen, die
Haus, das
    Häuser, die
Heft, das
    Hefte, die
hören
Hose, die
    Hosen, die
Hund, der
    Hunde, die
hüpfen
Hut, der
    Hüte, die

i / I

Igel, der
    Igel, die
Iglu, das
    Iglus, die
Insel, die
    Inseln, die

j / J

Junge, der
    Jungen, die

k / K

Käfer, der
    Käfer, die
Käse, der
    Kaktus, der
Kalender, der
    Kalender, die
Kamel, das
    Kamele, die
Karte, die
    Karten, die
kaufen
Kegel, der
    Kegel, die

Kern, der
    Kerne, die
Kind, das
    Kinder, die
Kinderwagen, der
Kirche, die
    Kirchen, die
Kiste, die
    Kisten, die
Kleid, das
    Kleider, die
klingeln
Knopf, der
    Knöpfe, die
Koch, der
    Köche, die
kochen
Kopf, der
    Köpfe, die
Kran, der
    Kräne, die
Krankenwagen, der
Kranz, der
Kreis, der
    Kreise, die
Krokodil, das
    Krokodile, die
Krone, die
    Kronen, die

l / L

lachen
Lama, das
    Lamas, die
Lampe, die
    Lampen, die
laufen, läuft
Leiter, die
    Leitern, die
lernen
lesen, liest
Leute, die
Löwe, der
    Löwen, die
Lupe, die
    Lupen, die

m / M

malen
Maler, der
    Maler, die
Mama, die
Mantel, der
    Mäntel, die
Maus, die
    Mäuse, die
Melone, die
    Melonen, die
Milch, die
Mutter, die
    Mütter, die

n / N

Nadel, die
    Nadeln, die
Nadel, der
    Nägel, die
Nase, die
    Nasen, die
Nest, das
    Nester, die
neu
neun
Note, die
    Noten, die
Nudel, die
    Nudeln, die

o / O

Onkel, der
Ofen, der
    Öfen, die
Oma, die
    Omas, die
Opa, der
    Opas, die
Osterhase, der

p / P

Paket, das
    Pakete, die
Palme, die
    Palmen, die
Papa, der
Papagei, der
    Papageien, die
Pfau, der
    Pfaue, die
Pfeife, die
    Pfeifen, die
Pfeil, der
    Pfeile, die
Pferd, das
    Pferde, die
Pfirsich, der
    Pfirsiche, die
Pflaume, die
    Pflaumen, die
Pfote, die
    Pfoten, die
Pilz, der
    Pilze, die
Pinguin, der
    Pinguine, die
Pinsel, der
    Pinsel, die
Pirat, der
    Piraten, die
Polizeiauto, das
Polizist, der
    Polizisten, die
Puppe, die
    Puppen, die

r / R

Rabe, der
    Raben, die
Radio, das
    Radios, die
Rakete, die
    Raketen, die

Raupe, die
    Raupen, die
rechnen
Regal, das
    Regale, die
Regen, der
Roboter, der
    Roboter, die
Roller, der
    Roller, die
Rose, die
    Rosen, die
rufen

s / S

Saft, der
    Säfte, die
Salat, der
    Salate, die
Salz, das
Schaf, das
    Schafe, die
Schal, der
    Schals, die
Schaufel, die
    Schaufeln, die
Schaukel, die
    Schaukeln, die
schaukeln
Schere, die
    Scheren, die
Schirm, der
Schirme, die
    schlafen, schläft
Schlange, die
    Schlangen, die
Schnee, der
schneiden
Schokolade, die
schreiben, schreibt
Schule, die
    Schulen, die
Schwein, das
    Schweine, die
Schwester, die
    Schwestern, die

See, der
Seife, die
  Seifen, die
sieben
singen
Sofa, das
  Sofas, die
Sonne, die
Spange, die
  Spangen, die

Sparschwein, das
Specht, der
  Spechte, die
springen, springt
Star, der
  Stare, die
Stein, der
  Steine, die
Stempel, der
  Stempel, die
Stern, der
  Sterne, die
Stift, der
  Stifte, die
Storch, der
  Störche, die
suchen

t / T

Tafel, die
  Tafeln, die
tanken
Tasche, die
  Taschen, die
Taschenlampe, die
Taube, die
  Tauben, die
Teich, der
  Teiche, die
Telefon, das
  Telefone, die
Tier, das
  Tiere, die
Tiger, der
  Tiger, die

Tisch, der
  Tische, die
Tomate, die
  Tomaten, die
Topf, der
  Töpfe, die
Tor, das
  Tore, die
Torte, die
  Torten, die
tragen, trägt
Traktor, der
  Traktoren, die
Traube, die
  Trauben, die
Treppe, die
  Treppen, die
trinken
Trompete, die
  Trompeten, die
Tube, die
  Tuben, die
Tulpe, die
  Tulpen, die
Tür, die
  Türen, die
Turm, der
  Türme, die
turnen

u / U

Ufo, das
  Ufos, die

v / V

Vater, der
  Väter, die
viel
vier
Vogel, der
  Vögel, die

w / W

Wal, der
  Wale, die
warten
waschen, wäscht
Wasser, das
Wiese, die
  Wiesen, die
Wind, der
  Winde, die
Winter, der
Wolf, der
  Wölfe, die
Wolke, die
  Wolken, die
Würfel, der
  Würfel, die
Wurm, der
  Würmer, die
Wurzel, die
  Wurzeln, die

z / Z

Zahn, der
  Zähne, die
Zapfen, der
  Zapfen, die
Zaun, der
  Zäune, die
Zelt, das
  Zelte, die
Ziege, die
  Ziegen, die
Zitrone, die
  Zitronen, die
Zopf, der
  Zöpfe, die
Zucker, der
zwei
Zwiebel, die
  Zwiebeln, die
zwölf